Дача

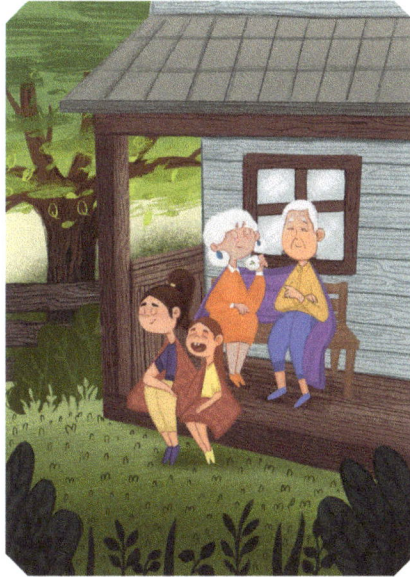

Автор Юрій Подлюк
Ілюстратор Габріелла Щербан

Library For All Ltd.

Library For All — це австралійська некомерційна організація, яка має місію зробити знання доступними для будь-кого за допомогою інноваційного цифрового бібліотечного рішення. Відвідай наш сайт libraryforall.org

Дача

Це видання опубліковано у 2022 році

Опубліковано Library For All Ltd
Електронна пошта: info@libraryforall.org
URL-адреса: libraryforall.org

Оригінальні малюнки Габріелла Щербан

Дача
Подлюк, Юрій
ISBN: 978-1-922951-00-7
SKU03470

Дача

Що є на дачі?

Паркан.

Черешня.

Черешню посадив
ще дідусь!

Яблуня.

Виноград.

Помідори.

М'ята.

Вона дуже гарно пахне. Бабуся робить з неї чай.

Бур'яни.

Лопата.

Лопатою копають землю, щоб посадити рослини.

Веранда.

Тут затишно
пити чай.

Шпак.

Він теж любить
ласувати
черешнею!

Скористайся цими запитаннями, щоб обговорити книгу з сім'єю, друзями і вчителями.

Чому тебе навчила ця книга?

Опиши цю книгу одним словом. Смішна? Моторошна? Кольорова? Цікава?

Що ти відчуваєш після прочитання цієї книги?

Яка частина цієї книги найбільше тобі сподобалась?

Завантажуй наш додаток для читання
getlibraryforall.org

Про автора

Юрій Подлюк живе у місті Хмельницькому в Україні. Найбільше він любить активний відпочинок на природі і знає усі мальовничі куточки Хмельницької області. Влітку він збирає усю сім'ю на дачі та готує смачні страви з кухні різних народів світу.

Колись Юрію довелось взятися за вигадування кумедних історій, щоб розважити своїх двох дітей, коли ті хворіли або не хотіли спати.

Тобі сподобалась ця книга?

В нас є ще сотні унікальних оповідань, ретельно відібраних фахівцями.

Щоб забезпечити дітей у всьому світі доступом до радості читання, ми тісно співпрацюємо з авторами, педагогами, консультантами в сфері культури, представниками влади та неурядовими організаціями.

Чи відомо тобі?

Ми досягаємо глобальних результатів у цій царині, дотримуючись Цілей сталого розвитку Організації Об'єднаних Націй.

www.ingramcontent.com/pod-product-compliance
Lightning Source LLC
Chambersburg PA
CBHW042341040426
42448CB00019B/3369